RÉPUBLIQUE FRANÇAISE

NISTÈRE DU COMMERCE, DE L'INDUSTRIE
DES POSTES ET DES TÉLÉGRAPHES

SERVICE DES CHÈQUES POSTAUX

INSTRUCTION

À L'USAGE

DES TITULAIRES DE COMPTES COURANTS

PARIS
IMPRIMERIE NATIONALE

1919

RÉPUBLIQUE FRANÇAISE

MINISTÈRE DU COMMERCE, DE L'INDUSTRIE
DES POSTES ET DES TÉLÉGRAPHES

SERVICE DES CHÈQUES POSTAUX

INSTRUCTION

À L'USAGE
DES TITULAIRES DE COMPTES COURANTS

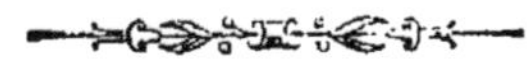

PARIS
IMPRIMERIE NATIONALE

1919

TABLE DES MATIÈRES.

INSTRUCTION

À L'USAGE

DES TITULAIRES DE COMPTES COURANTS.

---

§ 1. — CONSIDÉRATIONS GÉNÉRALES.

Le *Service des chèques postaux,* institué par la loi du 7 janvier 1918 et le décret du même jour, a pour organe essentiel le *compte courant postal.*

L'Administration des Postes et des Télégraphes ouvre un compte courant à toute personne, association, société, maison de commerce, banque, etc., et à tout groupement de droit ou de fait dont la demande a été agréée.

Elle y inscrit :

Au *crédit,* les dépôts personnels du titulaire, les versements effectués à son profit par les tiers, soit en espèces dans les bureaux de poste, soit par virements de leurs comptes postaux ;

Au *débit,* les retraits opérés directement par le titulaire, les payements faits sur son ordre à des tiers soit en espèces, soit par virements à leurs comptes courants postaux, et les taxes et frais à la charge du titulaire.

Le *solde*, différence entre le crédit et le débit, représente l'actif ou l'avoir net du possesseur du compte ; il doit toujours être créditeur d'une somme au moins égale au montant du dépôt de garantie (50 francs) que le titulaire constitue lors de l'ouverture de son compte (voir § 4 ci-après).

Les sommes en compte courant ne sont pas productives d'intérêt.

A la fin de chaque journée au cours de laquelle des opérations ont été inscrites au crédit ou au débit d'un compte courant, le bureau détenteur du compte adresse au titulaire un *relevé* récapitulatif de ces opérations.

Le titulaire d'un compte courant postal a donc la faculté de faire encaisser des recettes et payer des dépenses par le service des chèques, sans s'astreindre à aucun dérangement ; ses recettes sont portées à son crédit, sur le vu de mandats-cartes spéciaux au service des chèques dits *mandats-cartes de versement*, émanant de ses débiteurs ; ses dépenses sont inscrites à son débit et payées à ses créanciers sur le vu de *chèques postaux* émis par lui et convertis en *mandats-cartes de payement;* les unes et les autres sont réglées par *virements* de compte à compte, si les débiteurs et les créanciers ont chacun un compte courant postal.

Une même personne peut avoir plusieurs comptes courants dans un bureau déterminé ou dans des bureaux différents. Ainsi, un négociant, un industriel est admis à posséder deux comptes distincts, l'un à son nom personnel pour ses opérations privées, l'autre au nom de sa raison sociale.

Le nouvel organisme mis par l'Administration des Postes et des Télégraphes à la disposition du public est appelé à rendre les plus précieux services au commerce, à l'industrie, aux banques, aux grands établissements de crédit dont chaque agence ou succursale peut avoir un compte postal particulier, aux compagnies d'assurances, aux sociétés, syndicats et associations de toute nature, aux éditeurs de journaux et de publications périodiques, comme à toutes les personnes exerçant ou non une profession : médecins, avocats, hommes d'affaires, propriétaires, rentiers, etc.

Le compte courant postal se prête, en effet, à une variété infinie d'opérations. Par exemple, les membres d'une société de secours mutuels peuvent verser dans les bureaux de poste, au crédit du compte courant postal de cette société, leurs cotisations périodiques, et celle-ci fait payer au débit de son compte, par les bureaux de poste, à ses membres retraités ou malades, les allocations prévues par les statuts.

Il est possible au titulaire d'un compte courant postal de faire transférer le montant des versements centralisés à son crédit, dans une banque titulaire elle-même d'un compte postal, pour qu'elle en affecte le montant, soit au payement de ses effets de commerce domiciliés chez elle, soit à des placements financiers ou autres emplois.

Tous les comptables publics étant titulaires de comptes courants postaux, les débiteurs de l'État, des départements, des communes et des établissements publics peuvent se libérer par virements de leur compte courant à celui du comptable intéressé.

De même, les fournisseurs, adjudicataires de travaux et autres créanciers de l'État, des départements, des communes et des établissements publics peuvent obtenir le payement des sommes qui leur sont dues au moyen de virements à leur compte postal.

Enfin, les titulaires de comptes courants postaux sont affranchis des risques inhérents à la manipulation, au transport et à la garde des espèces métalliques ou fiduciaires (perte, vol, destruction par un incendie, etc.).

Les titulaires ont le plus grand intérêt à indiquer en tête de leurs lettres, factures, bordereaux de marchandises, catalogues, etc., le numéro de leur compte courant postal et le bureau de chèques chargé de le tenir.

§ 2. — ORGANISATION.

Bureaux de chèques. — Les comptes courants sont tenus par des bureaux spéciaux, installés dans les principaux centres et dénommés *bureaux de chèques.* Des bureaux de chèques fonctionnent actuellement à Paris, Bordeaux, Clermont-Ferrand, Dijon, Lille, Lyon, Marseille, Nancy, Nantes, Rouen, Strasbourg et Toulouse, mais toute personne, quel que soit le lieu de sa résidence, peut demander l'ouverture d'un compte à son nom par l'un de ces bureaux.

Le bureau de chèques d'Alger sera ouvert ultérieurement.

Bureaux de poste participant aux opérations. — Tous les bureaux de poste et les établissements secondaires (établissements de facteur-receveur, recettes auxiliaires et distributions auxiliaires) de la France continentale, de la Corse et de la Principauté de Monaco participent au service des chèques postaux. Toutefois, le rôle des recettes auxiliaires et des distributions auxiliaires est limité à la réception des versements de sommes n'excédant pas 500 francs, comme pour les mandats-poste ordinaires.

§ 3. — DEMANDE D'OUVERTURE DE COMPTE COURANT.

Forme de la demande. — La demande d'ouverture de compte courant postal doit être déposée ou envoyée par le signataire au bureau de poste de sa résidence; elle peut être remise entre les mains d'un facteur en cours de tournée. Les personnes résidant hors du territoire de la France continentale, de la Corse ou de la Principauté de Monaco adressent leur demande au directeur des Postes du département siège du bureau de chèques où le compte doit être ouvert.

La demande est établie, en simple expédition, sur une formule imprimée (mod. n° 1) que les intéressés peuvent se procurer gratuitement dans un bureau de poste ou par l'entremise du facteur; elle doit contenir les nom et prénoms du signataire, sa profession, son adresse, la désignation du bureau de chèques par lequel doit être tenu le compte et, s'il y a lieu, l'indication de la personne ou des personnes, autres que le titulaire de compte, autorisées par lui à signer les chèques qui seront tirés au débit de son compte. Elle énonce, en outre, le nombre de formules de mandats de versement et de carnets de chèques à faire parvenir au signataire, à titre de premier envoi.

Une demande distincte doit être présentée pour chacun des comptes à ouvrir au nom d'une même personne.

Les indications fournies à l'origine sont considérées comme

valables jusqu'au moment où leur modification a été demandée par les titulaires ou les ayants droit.

Collectivités. — Les demandes d'ouverture de compte au nom d'une société, association, maison de commerce, etc., sont établies sur une formule spéciale (mod. n° 2). Elles doivent être signées par la ou les personnes ayant qualité à cet effet et être appuyées de pièces justificatives dont l'indication est fournie aux intéressés par le bureau de poste (à moins que ces pièces n'aient été produites antérieurement audit bureau).

Femme mariée. — Toute demande émanant d'une femme mariée doit être appuyée d'une autorisation maritale sur papier libre; la signature du mari est certifiée par le maire, le commissaire de police ou le receveur des postes.

Toutefois, la femme mariée qui fait un commerce avec le consentement de son mari ou l'autorisation de justice, suivant les dispositions de l'article 4 du Code de commerce, peut obtenir l'ouverture d'un compte courant postal sur sa seule signatur lorsqu'elle est en mesure d'établir sa qualité de commerçante.

Mineurs. — Les mineurs ne sont pas admis, en principe, à posséder un compte courant postal. Cependant, peuvent être agréées les demandes des mineurs émancipés et âgés de 18 au. accomplis, autorisés à exercer un commerce par acte enregistré et affiché au tribunal de commerce du lieu de leur résidence (article 2 du Code de commerce). Une copie de l'acte d'autorisation, certifiée conforme par le greffier du tribunal de commerce doit être jointe à la demande.

Interdits. — Pour les interdits, la demande doit être faite par le tuteur de l'intéressé et accompagnée d'une copie de la délibération du conseil de famille qui a nommé le tuteur à cette fonction et, en cas d'interdiction judiciaire, d'une copie du jugement qui a prononcé l'interdiction.

Notification de l'ouverture du compte courant. — Le bureau de chèques notifie à la personne dont la demande a été agréée le numéro du compte qui lui est ouvert. Il lui adresse, en même temps : 1° les formules de mandats et de chèques dont elle a demandé l'envoi ; 2° deux cartes destinées à recevoir un spécimen de sa signature et, le cas échéant, un spécimen de la signature des personnes qu'elle autorise à signer des chèques en son lieu et place ; ces cartes doivent être renvoyées immédiatement et directement, sous pli fermé, au bureau de chèques détenteur du compte.

L'Administration peut requérir, en cas de besoin, un nouveau spécimen des signatures produites lors de l'ouverture des comptes.

§ 4. — DÉPÔT DE GARANTIE.

Aussitôt qu'il a reçu notification de l'ouverture de son compte, le titulaire doit verser au bureau de poste, au moyen d'un mandat-carte n° 1418-A du service des chèques : 1° à titre de dépôt de garantie une somme de 50 francs, destinée à assurer le recouvrement des taxes à sa charge : 2° le coût des formules de mandats et de chèques, qui lui ont été envoyées par le bureau de chèques.

Faute par l'intéressé d'avoir effectué ce versement dans le délai d'un mois à dater de la notification de l'acceptation de sa demande d'ouverture de compte, cette demande serait considérée comme nulle et non avenue.

§ 5. — TAXES APPLICABLES AUX OPÉRATIONS.

Les taxes sur les opérations effectuées dans le service des chèques postaux sont fixées comme suit :

A. — Versements.

Versements, par le titulaire ou par des tiers : 0 fr. 15 par opération, quel qu'en soit le montant. Cette taxe est perçue au moyen d'un timbre-poste collé sur la formule de versement.

B. — Retraits.

a) Retraits effectués par le titulaire, à son profit, au moyen de chèques nominatifs : 0 fr. 15 par opération quel qu'en soit le montant;

b) Payements en espèces (chèques d'assignation et chèques au porteur) effectués à des tiers résidant en France ou en Algérie.

Pour chaque payement : droit des mandats, la taxe de factage exceptée.

Ce droit est de :

0f 10c	jusqu'à.......				5	francs
0 15	de	5f 01c	à		10	—
0 20	de	10 01	à		15	—
0 25	de	15 01	à		20	—
0 35	de	20 01	à		50	—
0 60	de	50 01	à		100	—
0 85	de	100 01	à		300	—
1 10	de	300 01	à		500	—
1 45	de	500 01	à		1,000	—
1 70	de	1,000 01	à		1,500	—

et ainsi de suite en ajoutant 0 fr. 25 par 500 francs ou fraction de 500 francs.

c) Payements en espèces à des personnes se trouvant dans les pays de protectorat, les colonies françaises ou à l'étranger : droits ordinaires des mandats à destination de ces pays.

Toutes les taxes prévues pour les retraits de fonds sont portées au débit des comptes des titulaires.

C. — Virements.

Chaque virement, quel qu'en soit le montant, donne lieu à la perception d'une taxe fixe de 0 fr. 10. Elle est prélevée exclusivement sur le compte débité. En cas de virements multiples ordonnés au moyen d'un même chèque, cette taxe est appliquée à chacun des virements figurant sur le bordereau descriptif joint au chèque (voir ci-après, pages 39 à 42).

§ 6. — FORMULES MISES À LA DISPOSITION DES TITULAIRES DE COMPTES.

Les titulaires de comptes sont pourvus, sur leur demande, par le bureau de chèques, des formules dont l'énumération suit et aux conditions de prix ci-après :

Mandats-cartes de versement (de couleur rose) :

a) En carnets (modèle n° 1418 A).

Prix du carnet de 25 formules........................ 0f 25c

b) Par formules séparées (modèle n° 1418 B) que le titulaire peut envoyer à ses débiteurs à l'appui de ses factures ou bordereaux de marchandises. Le cent...... 1 00

Chèques de payement (modèle n° 1434 de couleur verte) :

Prix du carnet de 25 formules........................ 0 50

Chèques de virement (modèle n° 1440 de couleur bleue) :
Prix du carnet de 25 formules........................ 0 50

Mandats-cartes de payement (modèle n° 1419) [de couleur verte] à employer pour les assignations multiples (voir ci-après pages 31 à 34)................................ le cent 1 00

Enveloppes spéciales en papier bulle ayant le format des formules de chèques et portant imprimée l'adresse du bureau de chèques. Le cent.. 2 50

La désignation du titulaire (nom et adresse, numéro du compte et lieu où ce compte est tenu) est imprimée sur les formules de mandats et de chèques par les soins du bureau détenteur du compte courant; les frais de cette impression sont compris dans le tarif ci-dessus.

Le coût des formules fournies aux titulaires est porté au débit de leur compte par le bureau de chèques.

Des avis de crédit n° 50 et des bordereaux n°s 101 et 102 à joindre aux chèques de payements et de virements multiples (voir paragraphe 8) sont, en outre, envoyés gratuitement par les bureaux de chèques aux titulaires de comptes.

Pour leurs versements au profit des titulaires de comptes courants, les tiers utilisent des formules n° 1418 B qui sont mises gratuitement (1) à leur disposition dans les bureaux de poste

(1) Il peut être livré gratuitement à une même personne 50 formules, au maximum, à la fois. Au-dessus de ce nombre, elles sont vendues aux particuliers sans impressions supplémentaires à raison de 0 fr. 50 le cent.

ou par l'intermédiaire des facteurs en tournée et qu'ils doivent présenter, dûment remplies, au moment du dépôt des fonds.

Les titulaires de comptes appelés à recevoir de nombreux envois de fonds, ont intérêt, pour éviter toute cause d'erreur et faciliter les versements à leurs débiteurs, à faire parvenir à ceux-ci des formules de mandats-cartes roses n° 1418 B réunies ou non en carnets portant imprimée la désignation de leur compte (nom et adresse du titulaire, numéro du compte et lieu où il est tenu). Le bureau de chèques se charge de fournir aux possesseurs de comptes, sur leur demande, des formules contenant cette indication imprimée, au prix de 1 franc le cent (voir ci-dessus); le coût de ces formules est porté à leur débit.

Chaque carnet de chèques comprend 25 formules numérotées de 1 à 25. En outre, les carnets successivement livrés à un même titulaire reçoivent un numéro d'ordre d'après une série qui commence au n° 1 et se poursuit indéfiniment; le numéro d'ordre du carnet est imprimé sur chacune des formules qui le composent.

A la réception d'un envoi de carnets, le titulaire doit s'assurer qu'il n'existe pas de lacune dans la série des carnets et que les formules de chaque carnet sont au complet; il lui est instamment recommandé d'aviser immédiatement le bureau de chèques de tout manquant ou de toute irrégularité constatée dans l'envoi.

Les carnets de chèques de payements et de virements doivent être soigneusement conservés. **Le titulaire supporterait toutes les conséquences résultant de la perte ou de la soustraction des formules, s'il n'avait pas informé le bureau de chèques, en temps utile, de leur disparition.**

Les commandes de formules doivent être signées par le titulaire de compte ou par une personne autorisée par lui à signer les chèques.

L'expédition des mandats-cartes, des carnets de chèques et, lors du premier envoi, des formules de spécimens de signature est faite sous pli recommandé, à remettre *en mains propres* et contre avis de réception.

Les envois dont il s'agit ne peuvent donc être délivrés qu'au destinataire en personne, *à l'exclusion de tout fondé de pouvoir.*

Lorsqu'un compte est ouvert au nom d'une association, société, maison de commerce, etc., le pli est adressé à la personne qui avait qualité pour signer la demande d'ouverture de compte.

Si plusieurs personnes agissent conjointement au nom d'une société, maison de commerce, etc., le nom de chacune d'elles est mentionné dans l'adresse et la remise ne peut avoir lieu qu'en leur présence et sur leurs signatures.

La distribution en mains propres pouvant, dans certains cas, présenter des difficultés, le titulaire a la faculté de renoncer, par écrit, à ce mode de livraison, mais il reste alors seul responsable de l'usage abusif qui pourrait être fait, dans sa maison, des formules de chèques.

§ 7. — CRÉDIT DES COMPTES COURANTS.

Les comptes courants sont crédités :

1° du montant du dépôt de garantie;

2° des versements faits personnellement par le titulaire, sur son propre compte;

3° des versements effectués par des tiers;

4° du montant des mandats-cartes (autres que ceux du service des chèques) du régime intérieur ou du régime international, au nom du titulaire de compte, payables à son domicile, parvenus au bureau de poste de sa résidence et réexpédiés par le receveur au bureau de chèques;

5° du montant des mandats-poste français et internationaux, et des bons de poste reçus directement par le titulaire, et envoyés par lui au bureau de chèques;

6° Des virements de sommes provenant d'autres comptes courants postaux.

A. — Réception des versements.

Les versements au crédit des comptes courants postaux peuvent être effectués dans tous les bureaux de poste, établissements de facteur-receveur, recettes auxiliaires et distributions auxiliaires, soit par le titulaire lui-même, soit par des tiers. Le montant des

Modèle du mandat de versement avec souche, de couleur rose.

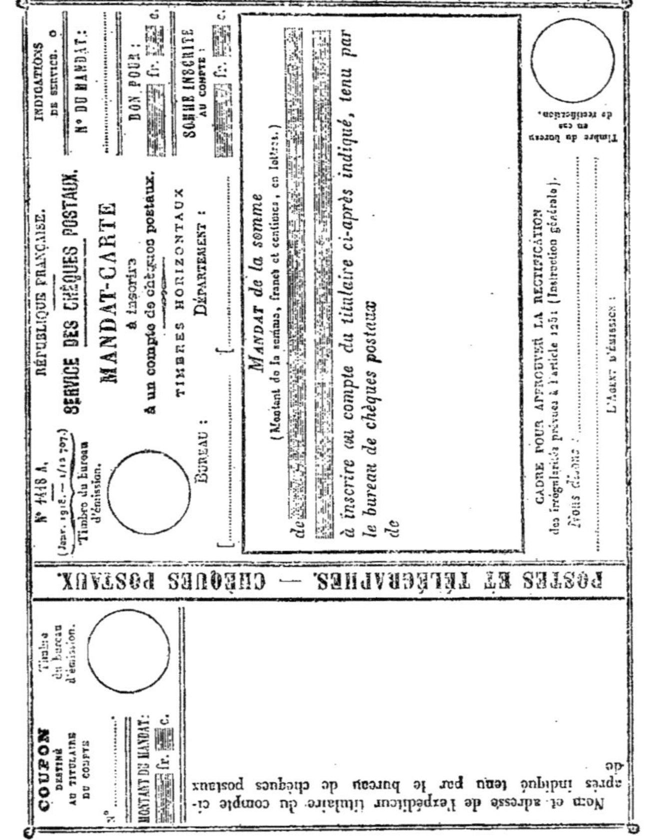

COUPON
DESTINÉ
AU TITULAIRE
DU COMPTE

Timbre
du bureau
d'émission.

N° ....

MONTANT DU MANDAT:
fr. c.

Nom et adresse de l'expéditeur titulaire du compte ci-après indiqué tenu par le bureau de chèques postaux de

POSTES ET TÉLÉGRAPHES. — CHÈQUES POSTAUX.

N° 1418 A.
(Janv. 1918. — 1/12 707.)
Timbre du bureau
d'émission.

RÉPUBLIQUE FRANÇAISE.

SERVICE DES CHÈQUES POSTAUX.

MANDAT-CARTE
à inscrire
à un compte de chèques postaux.

TIMBRES HORIZONTAUX

BUREAU : DÉPARTEMENT :

INDICATIONS
DE SERVICE.

N° DU MANDAT:

BON POUR :
fr. c.

SOMME INSCRITE
AU COMPTE :
fr. c.

MANDAT de la somme
(Montant de la somme, francs et centimes, en lettres.)

de

à inscrire au compte du titulaire ci-après indiqué, tenu par le bureau de chèques postaux de

CADRE POUR APPROUVER LA RECTIFICATION
des irrégularités prévues à l'article 125 (Instruction générale).
Nous disons : ....

L'AGENT D'ÉMISSION :

Timbre du bureau en cas de rectification.

versements n'est soumis à aucune limitation à l'exception de ceux opérés dans les recettes auxiliaires et les distributions auxiliaires, qui ne peuvent dépasser 500 francs.

Les versements effectués soit par les titulaires, soit par les tiers, sont reçus sur la présentation de formules de mandats-cartes de versement (modèle 1418 A ou B suivant le cas) spéciales au service des chèques et dûment remplies (voir paragraphe 6).

Il peut également être fait emploi de la formule de mandat-lettre n° 1406. Ces formules sont fournies par les bureaux de chèques aux titulaires de comptes, sur leur demande; ils peuvent aussi être fabriqués par l'industrie privée, sous la réserve qu'ils soient rigoureusement conformes au modèle administratif.

Les personnes qui habitent en dehors de la partie agglomérée d'une commune dotée d'un bureau de poste ou d'un établissement de facteur-receveur peuvent recourir à l'intermédiaire des facteurs suburbains, locaux et ruraux, en cours de tournée pour les versements ne dépassant pas 1,000 francs. Dans ce cas, les facteurs perçoivent, à leur profit, un droit de commission de 0 fr. 05 pour les sommes inférieures à 10 francs et de 0 fr. 10 pour les sommes plus élevées.

Les mandats-cartes de versement du service des chèques postaux peuvent recevoir, au verso du coupon, une correspondance à l'adresse du bénéficiaire titulaire de compte, bien que la taxe de factage ordinaire de 0 fr. 10 ne soit pas applicable à ces

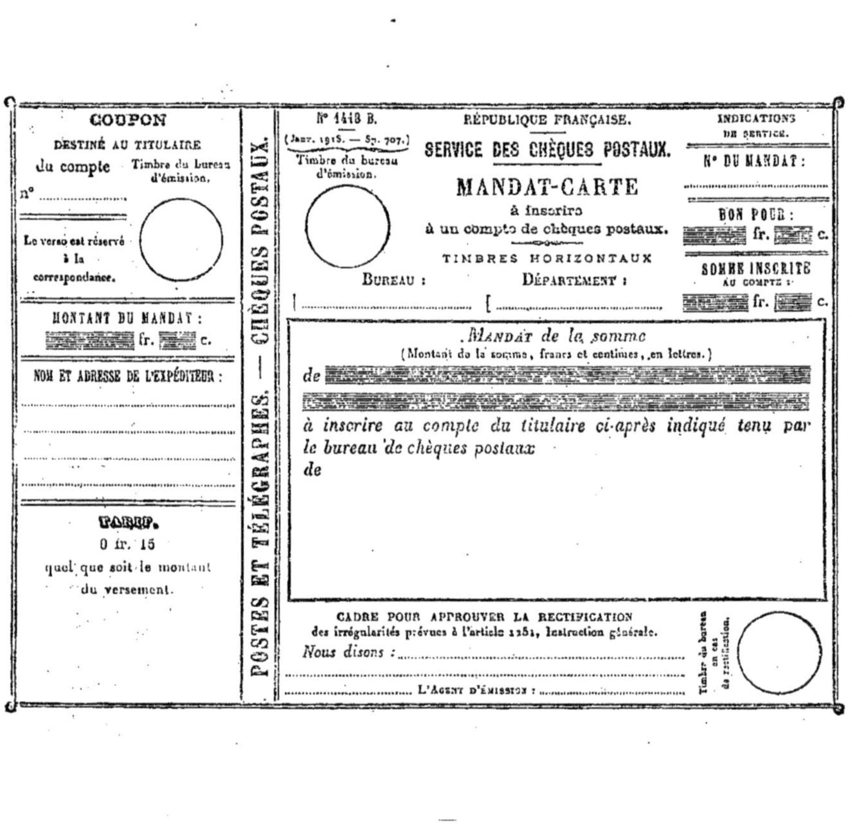

POSTES ET TÉLÉGRAPHES. — CHÈQUES POSTAUX.

COUPON

DESTINÉ AU TITULAIRE
du compte
n° ....

Timbre du bureau d'émission.

Le verso est réservé à la correspondance.

MONTANT DU MANDAT :
fr. c.

NOM ET ADRESSE DE L'EXPÉDITEUR :

TARIF.
0 fr. 15
quel que soit le montant du versement.

N° 1418 B.
(Janv. 1918. — 87.707.)

Timbre du bureau d'émission.

RÉPUBLIQUE FRANÇAISE.

SERVICE DES CHÈQUES POSTAUX.

MANDAT-CARTE

à inscrire
à un compte de chèques postaux.

TIMBRES HORIZONTAUX

BUREAU : ....
DÉPARTEMENT : ....

INDICATIONS DE SERVICE.

N° DU MANDAT :

BON POUR :
fr. c.

SOMME INSCRITE AU COMPTE :
fr. c.

Mandat de la somme
(Montant de la somme, francs et centimes, en lettres.)

de

à inscrire au compte du titulaire ci-après indiqué tenu par le bureau de chèques postaux
de

CADRE POUR APPROUVER LA RECTIFICATION
des irrégularités prévues à l'article 1251, Instruction générale.

Nous disons : ....

L'AGENT D'ÉMISSION : ....

Timbre du bureau en cas de rectification.

Modèle du mandat de versement sans souche, de couleur rose.

mandats. Les coupons sont transmis par les bureaux de chèques aux titulaires, à titre d'avis de crédit.

Lorsque, pour une cause quelconque, l'inscription d'un versement n'a pu être faite au crédit du bénéficiaire, soit que le titulaire du compte n'ait pas été clairement indiqué sur le mandat-carte, soit que le compte désigné n'existe pas, le mandat est renvoyé au bureau d'origine pour être complété par la partie versante ou le montant en être remboursé à celle-ci, suivant le cas.

B. — Inscription aux comptes courants du montant des mandats autres que ceux du service des chèques.

Le titulaire d'un compte courant postal peut demander par écrit, et une fois pour toutes, au bureau de poste qui le dessert, que tous les mandats français et étrangers émis à son nom et qui devraient lui être payés à domicile, soient envoyés au bureau de chèques pour être portés à son crédit. Il ne lui est plus, alors, payé à domicile que les mandats-cartes représentant le montant de chèques nominatifs émis par lui-même à son nom personnel.

Il a la faculté, en outre, de faire inscrire à son crédit le montant des mandats-poste ordinaires et des mandats télégraphiques de toute origine et des bons de poste français qui lui parviennent sous pli fermé; il suffit qu'il adresse directement au bureau de chèques ces mandats non *acquittés*, au recto desquels il a porté, soit à la main, soit au moyen d'une griffe, la mention : « A inscrire au c/c n° . . . . » et accompagnés d'un bordereau n° 1443. Les formules de bordereaux sont délivrées gratuitement dans les bureaux de poste.

Toutes ces inscriptions au crédit des comptes courants sont effectuées sans aucun frais pour les titulaires de comptes.

Le titulaire peut également, s'il le préfère, déposer le bordereau n° 1443 et les mandats qui y sont décrits, dûment acquittés, au guichet d'un bureau de poste, accompagnés d'un mandat de versement n° 1418 A dont le montant total doit correspondre au total du bordereau.

Le titulaire d'un compte courant qui expédie des valeurs à recouvrer ou des envois contre remboursement peut demander, au moyen d'une mention portée sur le bordereau ou la déclaration d'expédition que le montant des recouvrements soit inscrit au crédit de son compte courant. Dans ce cas, le mandat de recouvrement est envoyé directement par le bureau de poste au bureau de chèques intéressé qui en porte aussitôt le montant au crédit de l'expéditeur des valeurs.

Les coupons des mandats-cartes ordinaires intérieurs et internationaux sont, de même que ceux des mandats de versement du service des chèques postaux, transmis aux titulaires, par les bureaux de chèques, dès que le montant des titres a été porté à leur compte. Ils tiennent lieu d'avis de crédit.

§ 8. — DÉBIT DES COMPTES COURANTS.

Sauf en ce qui concerne les taxes et redevances diverses, les comptes courants postaux sont débités sur le vu de chèques qui sont détachés de carnets fournis aux titulaires de comptes.

A. — Dispositions générales.

Le chèque postal peut servir à quatre catégories d'opérations, il porte, suivant le cas, les dénominations ci-après :

1° Chèque nominatif, lorsqu'il est émis par le titulaire de compte et à son profit;

2° Chèque d'assignation quand il est tiré au profit de tiers spécialement désignés;

3° Chèque au porteur lorsqu'il est établi sans nom de bénéficiaire;

4° Chèque de virement, lorsque son montant doit être inscrit au crédit d'un ou plusieurs autres comptes courants postaux.

Deux formules différentes sont livrées aux titulaires de comptes, l'une est destinée à l'émission des chèques nominatifs, des chèques d'assignation et des chèques au porteur, c'est-à-dire aux payements en espèces, l'autre est spéciale aux virements.

Dans aucun cas, on ne doit employer la première pour donner des ordres de virement; inversement, la seconde ne peut comporter aucun ordre de payement en espèces.

Au moyen d'un seul chèque de payement ou de virement, le titulaire peut ordonner des payements ou des virements au profit de plusieurs personnes, exception faite toutefois pour le chèque au porteur qui ne peut opérer qu'une seule libération.

Les chèques de payement ou de virement doivent être établis d'une manière très lisible et à l'encre, soit à la main, soit à la machine à écrire; il est essentiel de ne pas omettre d'énoncer en toutes lettres et en chiffres la somme à payer ou à virer, d'indiquer le lieu et la date d'émission, de signer le chèque et de porter au verso le nom et l'adresse du bénéficiaire du chèque nominatif ou du chèque d'assignation.

Tout chèque de ces deux catégories qui parviendrait au bureau détenteur du compte courant sans l'indication de la partie prenante serait renvoyé au tireur.

Lorsque le chèque émis est au porteur, le verso du titre doit être laissé entièrement en blanc afin de permettre au dernier porteur, qui ne voudrait pas ou ne pourrait pas en encaisser le montant au guichet d'un bureau de chèques, de le convertir en chèque d'assignation par l'inscription au dos du nom et de l'adresse de la personne entre les mains de qui le payement en espèces devrait être opéré.

La signature doit être de la main du tireur et conforme au spécimen fourni au bureau de chèques. L'emploi de griffes ou cachets reproduisant l'empreinte de cette signature est absolument interdit.

Il ne serait donné aucune suite aux chèques présentant des ratures, surcharges ou grattages, même approuvés. Lorsqu'une erreur a été commise dans la rédaction d'un chèque, la formule doit être annulée et il importe, dans l'intérêt du titulaire, qu'elle soit détruite par lui séance tenante.

Aucun chèque ne doit être tiré pour une somme supérieure à l'avoir net du compte à débiter, déduction faite du dépôt de garantie. En cas d'infraction à cette règle, il ne serait pas donné suite au chèque. L'Administration se réserve le droit de prononcer d'office la clôture du compte du titulaire qui enfreindrait cette prescription.

Le chèque postal non suivi d'effet pour une cause quelconque ne peut donner lieu à protêt; il est renvoyé au tireur avec toutes explications utiles. Toutefois, en cas de refus de payement d'un chèque au porteur, notamment par défaut de provision, un certificat administratif relatant les causes du refus de payement est délivré au dernier porteur afin de lui permettre d'exercer éventuellement son action contre le tireur.

Le délai de validité du chèque postal est uniformément de dix jours. Ce délai court de la date d'émission inclusivement jusques et y compris la date à laquelle le chèque parvient au bureau de chèques. Au regard de l'Administration, le chèque postal périmé est nul et de nul effet, il est renvoyé au titulaire du compte ou rendu au porteur s'il est présenté au bureau de chèques pour être payé à vue.

La responsabilité d'un faux payement, résultant d'indications inexactes ou incomplètes, incombe au tireur.

Le titulaire d'un compte est seul responsable des conséquences résultant de l'emploi abusif, de la perte ou de la disparition des formules qui lui ont été remises par l'Administration.

Le chèque postal n'est pas soumis à la loi du 14 juin 1865 ni aux autres dispositions concernant le chèque ordinaire.

B. — Chèques de payement.

Le montant des chèques de payement (nominatifs, d'assignation ou au porteur) n'est soumis à aucune limitation.

Tout chèque nominatif émis pour une somme supérieure à 10,000 francs doit faire l'objet, de la part du tireur, d'un préavis adressé par écrit, au bureau de chèques, quarante-huit heures au moins avant que le chèque ne parvienne à ce bureau. Il en est de même pour les chèques payables à des tiers lorsque la somme à payer par un même bureau de poste dépasse 10,000 francs. Dans ce cas, le préavis donné au bureau de chèques doit faire connaître le ou les bureaux de poste dont l'intervention sera demandée pour une somme supérieure à 10,000 francs. A défaut de préavis, l'Administration peut retar-

Modèle du chèque de payement en espèces (*recto*) de couleur verte.

COUPON

à remettre au destinataire (lorsqu'il *s'agit d'une assignation unique*).
Le verso est réservé à la correspondance.

Montant du chèque :

...... fr. ...... c.

BUREAU DE CHÈQUES POSTAUX

de

POSTES ET TÉLÉGRAPHES. — CHÈQUES POSTAUX.

N° 1 — RÉPUBLIQUE FRANÇAISE. — N° 1434.

CARNET N°..............

...... fr. ...... c.

BUREAU DE CHÈQUES POSTAUX

de

Le bureau de chèques postaux débitera, au vu de ce chèque, mon compte courant postal de la somme de

qui sera convertie en mandat-poste au profit

(A) { *de la personne désignée d'autre part* (B).
des personnes dont les noms figurent sur les mandats ci-joints.

A.............................., le.............................. 191....

Signature :

CADRE RÉSERVÉ AU BUREAU DE CHÈQUES.

Modèle du chèque de payement en espèces (*verso*) de couleur verte.

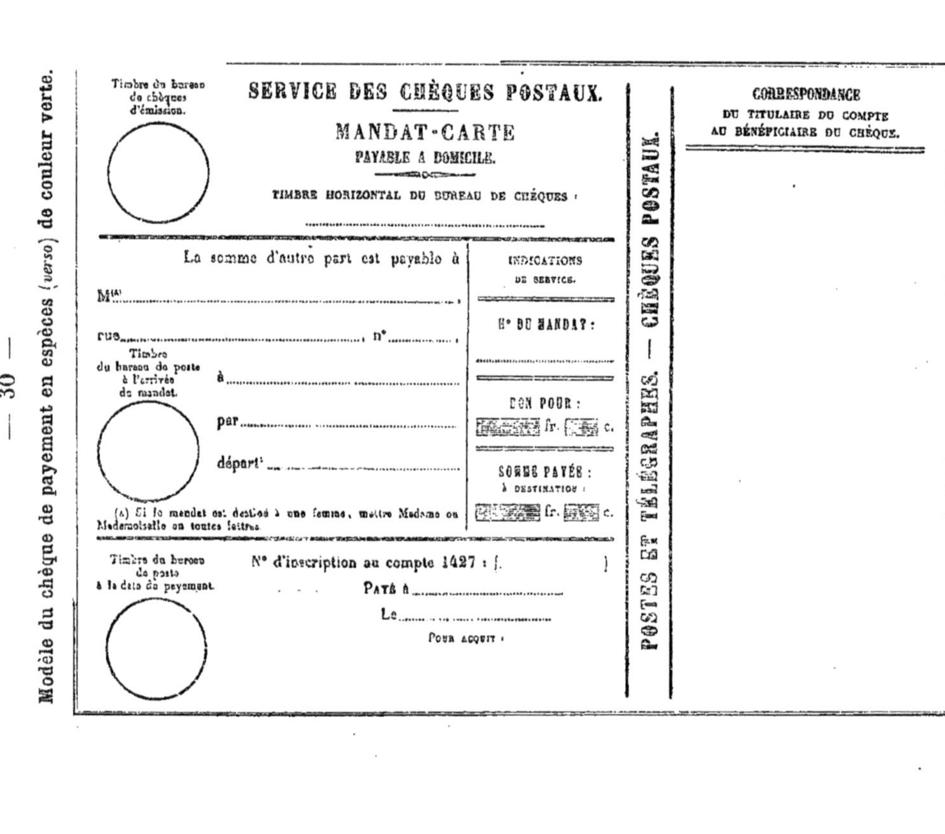

Timbre du bureau de chèques d'émission.

SERVICE DES CHÈQUES POSTAUX.

MANDAT-CARTE

PAYABLE A DOMICILE.

TIMBRE HORIZONTAL DU BUREAU DE CHÈQUES :

La somme d'autre part est payable à

M[A] ....

rue .... n° ....

Timbre du bureau de poste à l'arrivée du mandat.

à ....

par ....

départ[t] ....

(A) Si le mandat est destiné à une femme, mettre Madame ou Mademoiselle en toutes lettres.

INDICATIONS DE SERVICE.

N° DU MANDAT :

BON POUR : .... fr. .... c.

SOMME PAYÉE : À DESTINATION : .... fr. .... c.

Timbre du bureau de poste à la date du payement.

N° d'inscription au compte 1427 : ( )

PAYÉ à ....

Le ....

POUR ACQUIT :

POSTES ET TÉLÉGRAPHES. — CHÈQUES POSTAUX.

CORRESPONDANCE

DU TITULAIRE DU COMPTE AU BÉNÉFICIAIRE DU CHÈQUE.

der de quarante-huit heures la suite à donner aux chèques de l'espèce.

Chaque formule de chèque de payement comprend trois parties :

1° La *souche,* qui reste entre les mains du tireur ;

2° Le *coupon,* qui est remis au bénéficiaire au moment du payement ;

3° Le *chèque* proprement dit comportant au recto l'énonciation de la somme à payer et au verso la désignation du bénéficiaire, le cas échéant.

Les chèques de payement sont toujours transformés en mandats-cartes, qui deviennent valables après qu'ils ont été revêtus d'un timbre spécial par le bureau de chèques.

Lorsqu'il s'agit d'un chèque nominatif, émis par le titulaire à son profit, ou d'un chèque d'assignation dont le montant est payable à une seule personne, le tireur doit inscrire dans le libellé du « mandat-carte payable à domicile » imprimé au verso du chèque, le nom et l'adresse du bénéficiaire.

Si, au contraire, le titulaire du compte désire, par un seul chèque, ordonner des payements au nom de plusieurs personnes habitant la même localité ou des localités différentes, il porte au recto du chèque le montant global des sommes à payer et au verso la mention *Mandats et bordereau joints ;* il établit au nom de chacun des bénéficiaires un mandat-carte d'assignation n° 1419 (voir modèle ci-contre) ou un mandat-lettre n° 1406 (voir page 21) et décrit ces mandats sur un bordereau récapitulatif n° 101, dont un approvisionnement lui est fourni, sans frais, par le bureau de chèques. Ce bordereau est signé par le tireur; son total doit correspondre exactement au montant du chèque.

Le montant de chaque mandat-carte est illimité lorsque le payement doit être fait par un bureau de poste de plein exercice; il ne peut dépasser le maximum de 5,000 francs lorsqu'il est payable par un établissement de facteur-receveur.

Bien que les mandats-cartes de payement du service des chèques postaux soient exempts de la taxe de factage de 0 fr. 10, le tireur peut y porter une correspondance à l'adresse du bénéficiaire. Cette correspondance est écrite au verso du coupon du chèque, en cas d'assignation unique, et sur le coupon du mandat-carte n° 1419, quand il s'agit d'assignations multiples.

Les chèques nominatifs ou d'assignation, détachés de la souche du carnet de chèques, sont adressés directement, sous enveloppe fermée non affranchie, au bureau de chèques détenteur du compte. La suscription de l'enveloppe est libellée comme suit : *Pour le bureau de chèques postaux à (siège du bureau)*. Si le chèque comporte des payements multiples, il est accompagné des mandats-cartes n° 1419 et du bordereau récapitulatif n° 101 correspondant.

Les mêmes chèques peuvent aussi être présentés directement au siège du bureau de chèques postaux détenteur des comptes

Modèle du mandat d'assignation (*recto*) **de couleur verte.**

COUPON
À REMETTRE AU DESTINATAIRE.

Timbre du bureau d'émission.

MONTANT DU MANDAT :
..... fr. ..... c.

Nom et adresse de l'expéditeur titulaire du compte ci-après indiqué, tenu par le bureau de chèques postaux de

POSTES ET TÉLÉGRAPHES. — CHÈQUES POSTAUX.

N° 1419.
(Janv. 1918. — 1/16 sp.)
Timbre du bureau d'émission.

RÉPUBLIQUE FRANÇAISE.

SERVICE DES CHÈQUES POSTAUX.

MANDAT-CARTE
PAYABLE À DOMICILE

TIMBRES HORIZONTAUX

BUREAU : ..... DÉPARTEMENT : .....

INDICATIONS DE SERVICE.
N° DU MANDAT : .....
BON POUR : ..... fr. ..... c.
SOMME PAYÉE À DESTINATION : ..... fr. ..... c.

Mandat de la somme
(Francs et centimes en lettres.)
de .....
de .....
provenant du compte n° .....
payable à M .....
.....
rue ....., *n°* .....
à ....., *par* .....
*Dép*t .....

(1) Si le mandat est destiné à une femme, mettre Madame ou Mademoiselle en toutes lettres.

CADRE POUR APPROUVER LA RECTIFICATION
des irrégularités prévues à l'article 1251, Instruction générale.

Nous disons : .....
.....
..... L'AGENT D'ÉMISSION : .....

Timbre du bureau en cas de rectification.

Modèle du mandat d'assignation (*verso*) de couleur verte.

N° d'inscription au compte 1427.

[ ]

Timbre du bureau
à l'arrivée du mandat.

Timbre du bureau
à la date du payement.

Payé à ....

Le ....

POUR ACQUIT (1) :

(1) La partie prenante doit, en donnant son acquit, remplir les indications ci-dessus de lieu et de date de payement. Les fondés de pouvoir des ayants droit et les vaguemestres énonceront leur qualité.

CORRESPONDANCE

DU TITULAIRE DU COMPTE
AU BÉNÉFICIAIRE DU MANDAT.

courants à débiter, soit par les titulaires de ces comptes ou leurs représentants dûment accrédités lorsque le payement doit avoir lieu à leur profit, soit par les tiers bénéficiaires lorsque les chèques émis à leur nom leur ont été remis de la main à la main par le tireur.

Les chèques au porteur, c'est-à-dire ceux qui ne comportent au verso aucun nom de bénéficiaire, sont remis de la main à la main par le tireur à son créancier ou envoyés à celui-ci par la poste; dans ce dernier cas, les plis qui les renferment doivent être soumis à la formalité de la recommandation.

Après avoir vérifié l'authenticité du chèque et, le cas échéant, la régularité des mandats qui l'accompagnent, le bureau de chèques débite le compte du titulaire, porte sur le ou les mandats les timbres et annotations réglementaires, et envoie ces titres au bureau de poste destinataire.

Le payement des chèques transformés en mandats-cartes qui ne sont pas présentés au siège du bureau détenteur du compte courant est effectué à domicile. Toutefois, lorsque la partie prenante habite une section écartée du lieu siège du bureau de poste, ou une commune rurale, le payement n'est fait à domicile que s'il ne dépasse pas 1,000 francs. Si le montant du mandat est supérieur à 1,000 francs, le bénéficiaire est convoqué au bureau et le payement a lieu au guichet.

Les mandats-cartes de payement du service des chèques postaux font, de même que les mandats-cartes ordinaires, l'objet d'une deuxième présentation, lorsque le bénéficiaire n'a pas été rencontré à son domicile. Si le payement n'a pu avoir lieu, les mandats sont conservés en instance au bureau de poste jusqu'à ce que l'intéressé, dûment avisé, en réclame le payement au guichet ou que le délai de validité, fixé à deux mois, en soit expiré. Faute de payement dans ce délai, le montant en est réinscrit au crédit du tireur.

Quant aux payements à faire à des personnes se trouvant dans les pays de protectorat, les colonies françaises ou à l'étranger, ils sont effectués au moyen de mandats ordinaires qui sont établis par le bureau de chèques dans la forme prévue pour l'échange des mandats avec le pays de destination et passibles des droits applicables à ces mandats.

Lorsque le tireur désire que le montant d'un chèque soit payé au bénéficiaire au moyen d'un mandat télégraphique, il doit, avant d'adresser son chèque au bureau détenteur du compte courant, le revêtir de la mention « Payement par télégraphe » qu'il porte en travers du recto de la formule, en caractères très apparents, et qu'il contresigne. Les taxes postales et télégraphiques applicables à ce mandat sont portées au débit de son compte.

Pour la détermination du maximum des mandats télégraphiques en France et dans les relations avec les colonies françaises, les pays de protectorat, les bureaux français à l'étranger et les pays étrangers, les titulaires de comptes sont priés de se renseigner au bureau de poste de leur résidence.

D'autre part, le possesseur d'un compte courant qui ne réside pas dans la ville siège du bureau de chèques détenteur de ce compte peut obtenir, par télégraphe, des payements à valoir sur son crédit en présentant un chèque à son nom au bureau de poste de son domicile s'il a pris soin préalablement de faire déposer à ce bureau un spécimen de sa signature dûment authentiqué par le service des chèques.

Dans ce cas, les opérations ont lieu sans autre limite que l'avoir disponible au compte.

Si le chèque est présenté par un titulaire dans une localité autre que sa résidence, il ne peut dépasser la somme de cinq cents francs.

C. — Chèques de virement.

Lorsque le titulaire d'un compte désire opérer un virement, c'est-à-dire faire transférer une somme de son compte courant au crédit d'un autre titulaire de compte courant postal, il utilise une formule de *chèque de virement.*

Cette formule comprend trois parties :

1° La souche qui reste entre les mains du tireur ;

2° Le coupon destiné au titulaire du compte à créditer ;

3° Le chèque de virement proprement dit.

Après avoir rempli les trois parties de la formule et signé le chèque, le tireur adresse le chèque et le coupon y adhérent, sous pli fermé, non affranchi, au bureau de chèques détenteur de son compte. Il peut inscrire, sans taxe d'affranchissement, une correspondance au verso du coupon, lequel est transmis ensuite au bénéficiaire, par le bureau de chèques, à titre d'avis de crédit.

Le titulaire a la faculté de faire, au moyen d'un même chèque, des virements au crédit de plusieurs autres titulaires de comptes courants. Comme, dans ce cas, il ne peut utiliser le coupon réservé à la correspondance, il a la faculté de remplir des formules d'avis de crédit (mod. n° 50) qui lui sont délivrées gratuitement par l'Administration, et au verso desquelles il peut inscrire, sans taxe d'affranchissement, une correspondance à l'adresse du bénéficiaire de chaque virement. Ces formules sont traitées par les bureaux de chèques dans les mêmes conditions que les coupons se rapportant à des virements uniques, c'est-à-dire envoyées au titulaire du compte à créditer qui est ainsi avisé de l'inscription faite à son compte.

Le titulaire établit, en outre, un bordereau descriptif n° 102 donnant le détail des virements et dont le total doit représenter exactement la somme indiquée sur le chèque ; il revêt ce bordereau de sa signature et inscrit sur le chèque, au lieu et place de la désignation du compte, la mention « Bordereau et avis de crédit joints », puis il effectue l'envoi des pièces, sous pli fermé, à l'adresse du bureau de chèques détenteur de son compte.

Le montant du chèque de virement individuel ou multiple n'est soumis à aucune limitation.

L'objet principal du service des chèques est de permettre aux titulaires de comptes courants postaux de régler leurs enga-

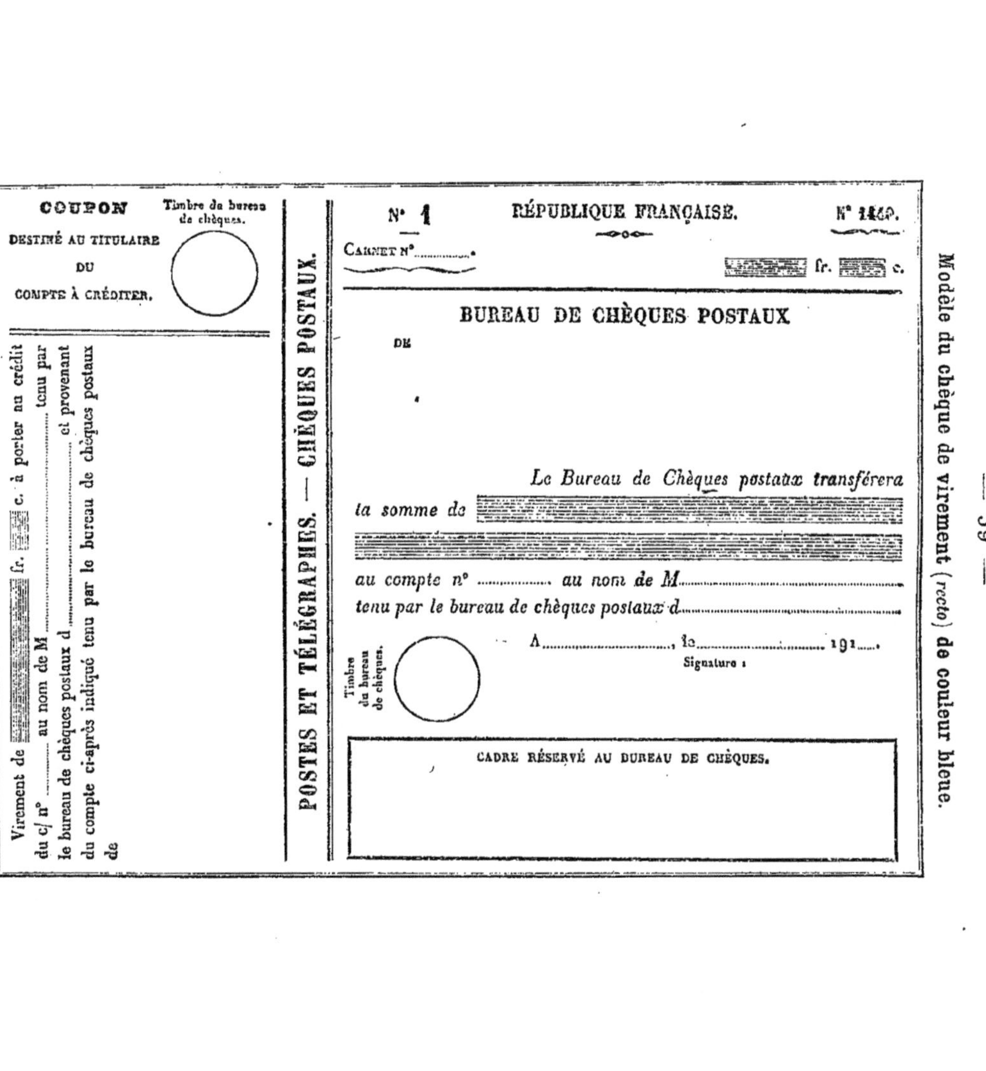

COUPON
DESTINÉ AU TITULAIRE
DU
COMPTE À CRÉDITER.

Timbre du bureau de chèques.

Virement de .... fr. .... c. à porter au crédit
du c/ n° .... au nom de M .... tenu par
le bureau de chèques postaux d .... et provenant
du compte ci-après indiqué tenu par le bureau de chèques postaux
de

POSTES ET TÉLÉGRAPHES. — CHÈQUES POSTAUX.

N° 1 — RÉPUBLIQUE FRANÇAISE. — N° 1460.

CARNET N° ....

.... fr. .... c.

BUREAU DE CHÈQUES POSTAUX

DE

Le Bureau de Chèques postaux transférera
la somme de ....
....
au compte n° .... *au nom de M* ....
tenu par le bureau de chèques postaux d ....

Timbre du bureau de chèques.

A ...., le .... 191.....

Signature :

CADRE RÉSERVÉ AU BUREAU DE CHÈQUES.

Modèle du chèque de virement (*recto*) de couleur bleue.

Modèle du chèque de virement (*verso*) de couleur bleue.

POSTES ET TÉLÉGRAPHES. — CHÈQUES POSTAUX.

Ce coupon sera transmis par le bureau de chèques destinataire du virement au titulaire du compte crédité.

CORRESPONDANCE
DU TIREUR DU CHÈQUE
AU BÉNÉFICIAIRE DU VIREMENT.

gements réciproques, par voie de compensation, au moyen de virements de compte à compte, et d'éviter ainsi l'emploi du numéraire ainsi que les inconvénients et risques inhérents aux payements en espèces. C'est pourquoi les virements ne sont soumis qu'à une simple taxe d'écriture, fixée à 10 centimes par opération, quel qu'en soit le montant, et acquittée seulement par le titulaire du compte débité.

En raison des avantages que présentent ces opérations, il est recommandé aux titulaires de comptes de s'enquérir, en consultant la liste fournie par l'Administration, avant de faire un payement, si le bénéficiaire ne possède pas un compte postal.

Le titulaire d'un compte courant peut demander, par lettre adressée au chef comptable du bureau de chèques, que lorsque ses fonds en dépôt atteindront une somme qu'il fixe lui-même, le surplus soit viré d'office par le bureau de chèques au compte d'un autre titulaire désigné, une banque par exemple. Il indique en même temps le montant minimum du virement.

Exemple. — Un commerçant, un industriel, un grand magasin, reçoit chaque jour de nombreux versements de petites sommes à son compte; mais, comme il entend ne pas laisser ces sommes improductives, il désire que, dès que son avoir en compte atteindra un certain chiffre fixé par lui, le surplus soit viré d'office, et à partir d'une certaine somme, par le bureau de chèques, au compte postal de son banquier.

L'intéressé peut désirer, par exemple, avoir toujours pour ses payements, la libre disposition de son avoir en compte jusqu'à concurrence de 50,000 francs ; au delà de 50,000 francs, le surplus doit être viré au compte de son banquier ; mais comme il entend que les virements à faire représentent toujours un chiffre suffisamment important, il fixe à 10,000 francs par exemple le minimum des virements à opérer.

Si donc, le 5 octobre au soir, son avoir en compte s'élève à 58,940 francs, le bureau de chèques ne fera pas de virement ; si, le lendemain, 6 octobre, l'avoir s'élève à 64,000 francs, le bureau de chèques opérera un virement d'office de 64,000 — 50,000 = 14,000 francs ; si le troisième jour, par le jeu des versements, l'avoir est de 157,000, le virement d'office sera opéré pour 157,000 — 50,000 = 107,000 francs, etc.

§ 9. — AVIS DE CRÉDIT ET DE DÉBIT.

A la clôture de chaque journée au cours de laquelle des opérations ont été portées au crédit ou au débit d'un compte courant, le bureau de chèques adresse au titulaire le relevé global de ces opérations. Il annexe à ce relevé les coupons des mandats-cartes de versement et les avis notificatifs des virements passés au crédit de son compte. Avis lui est également donné du montant des chèques portés chaque jour au débit de son compte.

D'autre part, le titulaire reçoit gratuitement, à la fin de chaque mois, notification de l'avoir net figurant à son compte le dernier jour dudit mois, déduction faite des taxes et des redevances (fournitures de formules de chèques, de mandats, etc.) liquidées au cours de cette période.

Cette notification n'a pas lieu si aucune opération n'a été inscrite au crédit ou au débit du compte pendant le mois.

Indépendamment de ces diverses communications, le titulaire peut demander à être informé, par des avis de quinzaine ou hebdomadaires, ou bi-hebdomadaires ou même quotidiens, de l'avoir net porté à son compte. Ces communications supplémentaires donnent lieu aux redevances mensuelles suivantes :

o fr. 15 pour l'avis de quinzaine,
o fr. 25 pour l'avis hebdomadaire,
o fr. 75 pour l'avis bi-hebdomadaire,
2 fr. 50 pour l'avis quotidien.

En outre, le titulaire d'un compte courant peut demander notification du solde de son compte à une date déterminée moyennant une redevance de o fr. 25 ou la copie de son compte pendant une période déterminée moyennant une redevance de 1 franc par 100 opérations ou fraction de 100 opérations comprises dans cette copie.

§ 10. — TRANSFERT OU CLÔTURE DES COMPTES COURANTS.

Le titulaire d'un compte courant peut demander le transfert d'un bureau de chèques à un autre bureau de chèques du compte ouvert à son nom. L'opération est soumise à la taxe d'un virement ordinaire (0 fr. 10).

D'autre part, le titulaire d'un compte peut demander à toute époque la clôture de ce compte. La demande doit faire l'objet d'une déclaration écrite, datée et signée adressée au bureau de chèques détenteur du compte. Tout versement effectué sur un compte postal postérieurement à la clôture de ce compte, est remboursé d'office à la partie versante.

Lorsque le compte en instance de clôture a été apuré, le montant net de l'avoir restant en compte, y compris le dépôt de garantie, est remboursé à l'ayant droit qui doit restituer les formules de chèques restées sans emploi entre ses mains.

L'Administration peut prononcer d'office la clôture d'un compte courant, notamment lorsqu'un ou plusieurs chèques postaux ont été tirés par le titulaire sans provision suffisante.

§ 11. — LISTE DES TITULAIRES DE COMPTES.

L'Administration publie périodiquement une liste des titulaires de comptes qui peut être consultée gratuitement dans tous les bureaux de poste ou acquise à titre onéreux. Cette liste est fournie d'office à tous les titulaires de comptes au prix d'un franc par an, quel que soit le nombre de fascicules publiés dans l'année; le prix de la liste est fixé à un franc par fascicule pour les personnes non titulaires de comptes.

§ 12. — EXONÉRATION DE LA TAXE D'AFFRANCHISSEMENT.

Les correspondances et les diverses pièces adressées par les titulaires de comptes aux bureaux de chèques et par lesdits bureaux aux titulaires de comptes sont exonérées de la taxe d'affranchissement.

En vue de faciliter l'envoi de la correspondance et des chèques aux bureaux détenteurs des comptes, l'Administration livre, sur leur demande, aux titulaires, au prix de 2 fr. 50 le cent, des enveloppes spéciales en papier bulle, ayant le format des formules de chèques et portant imprimée l'adresse du bureau de chèques.

§ 13. — SAISIES-ARRÊTS ET OPPOSITIONS.

Les règles de saisies-arrêts et oppositions ès-mains des fonctionnaires publics s'appliquent au service des chèques postaux. Les exploits doivent, pour recevoir une suite utile en ce qui concerne ces comptes, être signifiés au chef comptable du bureau de chèques où sont tenus les comptes courants.

§ 14. — DÉCÈS DU TITULAIRE D'UN COMPTE.

En cas de décès du titulaire d'un compte, les remboursements sont effectués entre les mains des ayants droit sur le vu d'un certificat de propriété délivré conformément aux dispositions de l'article 6 de la loi du 28 floréal, an VII.

§ 15. — RESPONSABILITÉ.

L'Administration est responsable des sommes qu'elle a reçues pour être portées au crédit des comptes courants ; elle n'est pas responsable des retards qui peuvent se produire dans l'exécution du service.

Aucune réclamation n'est admise concernant les opérations ayant plus d'un an de date.

En cas de changement dans la condition civile ou la situation légale du titulaire d'un compte courant, avis doit en être donné au bureau détenteur de ce compte.

L'Administration ne peut être tenue responsable des conséquences pouvant résulter des modifications qui ne lui auraient pas été notifiées.

§ 16. — PRESCRIPTION.

Sera acquis au Trésor public le solde de tout compte courant sur lequel aucune opération n'aura été faite depuis dix ans.

Trois mois au plus tard avant l'échéance du délai de prescription, le service des chèques postaux avisera, par lettre recommandée, les titulaires de comptes ou leurs ayants droit de a déchéance encourue par eux. Cet avis sera adressé au domicile ndiqué dans les actes et pièces qui se trouveront en la possession du service des comptes courants ou, à défaut de domicile connu, au Procureur de la République du lieu où sera tenu le compte.

IMPRIMERIE NATIONALE. — 50-426-1919.

www.ingramcontent.com/pod-product-compliance
Ingram Content Group UK Ltd.
Pitfield, Milton Keynes, MK11 3LW, UK
UKHW022144170726
13837UKWH00004B/1770

9 782329 147796